नीलेश रघुवंशी

4 अगस्त, 1969 को मध्य प्रदेश के गंज बासौदा क़स्बे में जन्मीं नीलेश रघुवंशी हिन्दी के महत्त्वपूर्ण कवियों में शुमार हैं। उनके अब तक के प्रकाशित कविता-संग्रह हैं—'घर निकासी' (1997), 'पानी का स्वाद' (2004), 'अन्तिम पंक्ति में' (2008), 'कवि ने कहा' (चुनी हुई कविताएँ, 2016), 'खिड़की खुलने के बाद' (2017) और 'एक चीज़ कम' (2023)।

2012 में उनका पहला उपन्यास 'एक क़स्बे के नोट्स' प्रकाशित हुआ था, जो कि हिन्दी के बहुचर्चित उपन्यासों में से एक है। यह उपन्यास 2019 में 'द गर्ल विद क्वेशचनिंग आईज़' नाम से अंग्रेज़ी में प्रकाशित है। उनका दूसरा उपन्यास 'शहर से दस किलोमीटर' 2022 में प्रकाशित हुआ। कविता और उपन्यास के अलावा उन्होंने बच्चों के लिए नाटक और कई टेलीफ़िल्मों के लिए पटकथा-लेखन भी किया है। उनकी कविताओं का अनुवाद कई देशी-विदेशी भाषाओं में हो चुका है।

उन्हें 'भारतभूषण अग्रवाल पुरस्कार' (1997), 'आर्य स्मृति साहित्य सम्मान' (1997), 'दुष्यन्त कुमार स्मृति सम्मान' (1997), 'केदार सम्मान' (2004), 'शीला स्मृति पुरस्कार' (2006), भारतीय भाषा परिषद, कोलकाता के 'युवा लेखन पुरस्कार' (2009), 'स्पन्दन कृति पुरस्कार' (2012), 'प्रेमचन्द स्मृति सम्मान' (2013), 'शैलप्रिया स्मृति सम्मान' (2014), 'अन्तरराष्ट्रीय शिवना सम्मान' (2022), 'वैली ऑफ़ वर्ड्स बुक अवार्ड्स' (2023), 'गाथा एक लम्बे सफ़र की' वृत्तचित्र के लिए 'Best Literary Adaptation of Acclaimed Work डी.डी. अवार्ड' (2003), 'जगमग जग कर दे' के लिए भी डी.डी. अवार्ड (2004) आदि से सम्मानित किया गया है।

फ़िलहाल दूरदर्शन केन्द्र, भोपाल में कार्यरत हैं।

सम्पर्क : ए-40, आकृति गार्डन, नेहरू नगर, भोपाल (मध्य प्रदेश) 462003

ई-मेल : neeleshraghuwanshi67@gmail.com

एक चीज़ कम

नीलेश रघुवंशी

राजकमल पेपरबैक्स

राजकमल पेपरबैक्स में
पहला संस्करण : 2023

राजकमल पेपरबैक्स : उत्कृष्ट साहित्य के जनसुलभ संस्करण

राजकमल प्रकाशन प्रा. लि.
1-बी, नेताजी सुभाष मार्ग, दरियागंज
नई दिल्ली-110 002
द्वारा प्रकाशित

शाखाएँ : अशोक राजपथ, साइंस कॉलेज के सामने, पटना-800 006
पहली मंज़िल, दरबारी बिल्डिंग, महात्मा गांधी मार्ग, प्रयागराज-211 001
1, अनमोल सोराबजी सन्तुक लेन, धोबी तलाव, मरीन लाइंस, मुम्बई-400 002

वेबसाइट : www.rajkamalprakashan.com
ई-मेल : info@rajkamalprakashan.com

विकास कम्प्यूटर एंड प्रिंटर्स
ट्रॉनिका सिटी-201 102
द्वारा मुद्रित

मूल्य : ₹199

EK CHEEZ KAM
Poems by Neelesh Raghuwanshi

ISBN : 978-81-19835-27-0

केदारनाथ सिंह, विष्णु खरे और
मंगलेश डबराल की
स्मृति में सादर

मैं रातों को अक्सर सीढ़ियों को गिनते हुए चढ़ती हूँ। नींद से दूर नींद में गोता लगाते हुए आख़िरी सीढ़ी तक पहुँचने से पहले गिनती भूल जाती हूँ। एक सीढ़ी और एक गिनती कम हो जाती है। जीवन कम, जीना कम, एक चीज़ कम, ज़ीनों को चढ़ते हुए जीना कम होता जाता है।

इस दुनिया में न्याय की बड़ी कमी है। भटकन दिन-ब-दिन बढ़ती ही जाती है। आवारा शब्द को पूँजी ने बिगाड़कर रख दिया। आवारा पूँजी भी कहीं किसी आवारा के हिस्से आती है! ख़ाली जीवन और-और ख़ाली होता जाता है। ये जो ख़ालीपन है, क्या इसे प्रेम से भरा जा सकता है? कुछ स्थान ऐसे होते हैं, जो बरहमेश रिक्त रहने को अभिशप्त होते हैं।

लोकतंत्र को लेकर अक्सर मेरे भीतर कई सवाल उठते हैं। एक सवाल का जवाब बमुश्किल ढूँढ़ पाती हूँ कि हज़ार सवाल खड़े हो जाते हैं। एक सीधे रास्ते की तलाश में निकलती हूँ और सौ-सौ चौराहों के हज़ार रास्ते मिलते हैं, जिनमें मेरा अपना रास्ता मेरी पगडंडी कहीं खो गई-सी मालूम होती है। एक ऐसी दौड़ जो रोमांचित कम भयभीत ज़्यादा करती है। कविता ही है जो यह कहने का साहस देती है :

मैं जीना चाहती हूँ लेकिन वैसे नहीं जैसे तुम चाहते हो
मैं पेड़ को पेड़ कहना चाहती हूँ
उसके हरेपन और नए पत्तों में खिल जाना चाहती हूँ

तुम उसके इतिहास में जाकर कहते हो, ये हमारे मूल का नहीं है
तुम पेड़ की मूल प्रजाति में विश्वास करते हो
इस तरह मुझे पेड़ के संग हरियाने से रोकते हो।

'एक चीज़ कम' वालों को रात को बुरे सपने आते हैं। ये सारा दिन इनको सच होने से रोकते हैं। इस तरह न रातें उनकी हैं, न दुपहरें। धरती-आसमान से परे क्षितिज में भी उनके लिए कोई जगह नहीं। इस विराट संसार में वो कौन-सी जगह होगी, जहाँ सबके पास सब कुछ होगा। इस दुनिया को अमीरी-ग़रीबी से परे फ़क़ीरी की दरकार है। ये एक यूटोपिया है, जिसकी गलियों में कविता नंगे पाँव दौड़ती है। कई बार पूरी जगह भी हमारे किसी काम की नहीं होती, इसके उलट आधी जगह कितनी दिलकश, कितनी भरी-पूरी होती है।

वो कौन-सी चीज़ है, जो इस कायनात से दूर होती जा रही है। कम से कमतर होती जा रही है। बिना किसी तुक के यह संसार बड़े बेतुके ढंग से बेधड़क चल रहा है। हमारे यहाँ एक बड़ी मज़ेदार कहावत है—'तुक में कर देंगे'। कोई बिगड़ैल या बड़बोला इनसान जब हद पार करने लगता है तो सामने वाला उसे चमकाते हुए कहता है—'बस्स बहुत हो गया, अभी एकदम तुक में कर देंगे।' या—'फ़लाँ बहुत बक-बक कर रहा था, मैंने उसे तुक में कर दिया।'

तो ऐसे समय में जब हज़ारों-करोड़ों का होना, रहना और कहना दर्ज नहीं हो रहा है; ऐसा समय जिसमें चुप को कहना और कहने को चुप समझा जाता हो; ऐसे विकट समय में भी ये कहते हैं—'मुझे कुछ कहना है।' कहते हुए गला रुँधता है, उसकी अधूरी बात को बुत पूरा करते हैं। ये जो रात-दिन संघर्ष से सौन्दर्य की फ़सल उपजाते हैं। हाड़-तोड़ मेहनत करते हैं। जितना करते हैं, उसके एवज़ में बहुत कम पाते हैं। फिर भी हिम्मत नहीं हारते हैं। ख़ुद को दीनता भाव से परे रखते हैं। क्या विडम्बना है कि हर दिन उनकी थाली से एक चीज़ कम होती जाती है।

—नीलेश रघुवंशी

क्रम

नंगे पाँव गलियाँ

गली-गली चलते
न पाँव भरते थे, न भरता था मन।

वो लड़ाइयाँ जिनकी आहट पाते ही
सारे कामकाज छोड़
सबको धकियाते हम सबसे आगे खड़े हो जाते थे।

नंगे पाँव वालों को बचाते हुए
लड़ैया पूरे दम से लड़ते थे
ग़ुस्से में लाल उनकी आँखों से
हमारे पाँव के छाले रिसते थे।

वो झगड़े
जिनके ख़त्म होते ही मन के मैल धुल जाते थे
नंगे पाँव दौड़ते हुए
हम किसी और गली में घुस जाते थे।

क्या, वे गलियाँ अब भी होंगी
मन के कलुष को धोने वाले
झगड़े क्या अब भी होते होंगे

लेकिन उन्हें देखने के लिए
नंगे पाँव नहीं फिरा करती, अब मैं।

फिरूँगी भी कैसे
पन्द्रह घंटे में पूरा करती हूँ नौ घंटे की नौकरी
पहले तीन घंटे उसे करने की तैयारी में लगाती हूँ
बाद के तीन घंटे
उसे ख़ुद से अलग करने की कोशिश में।

जहाँ कहीं
चार से ज़्यादा लोग इकट्ठे होते हैं
भयभीत हो वहाँ से रास्ता बदल लेती हूँ
डरती हूँ धारा एक सौ चवालीस और कर्फ़्यू से
सत्याग्रह कर रहे लोगों से आतंकित होती हूँ
कन्नी काटती हूँ हक़ की लड़ाई से
ख़ुद को इतना सुरक्षित करती हूँ कि
मुझ-सा असुरक्षित कोई नहीं
पाँव नंगे नहीं लेकिन
हर वक़्त चुभती रहती है कोई एक कील।

[29 जनवरी, गुरुवार 2020, इन्दौर]

एक दिन लौटूँगी

उन सबसे मिलना चाहती थी
बसे हुए थे जो मन में गहरे तक
लेकिन नहीं मिली,
नहीं मिली कि 'अच्छा, अलविदा' जैसा कुछ
कहना नहीं चाहती थी।
इस उम्मीद में शहर छोड़कर आई हूँ
कि लौटूँगी एक दिन।

जब अचानक से मुझे देखकर
वे कुछ कहने-कहने को होंगे
तब तपाक से कहूँगी—मैं तो यहीं थी
तुम ही नहीं दिखे कई दिनों से।
वे अकबकाएँगे और मुस्कुराकर कहेंगे
'अरे, मैं ही उलझा हुआ था या
किसी काम से गया था बाहर।'
प्रत्युत्तर में
उनकी मुस्कुराती झेंप को और गाढ़ा कर दूँगी।

दरगाह के बरगद के पेड़ के नीचे
हम सब ढेर सारी बातें करेंगे
शाख़ों से लटकती जटाएँ

हँसते हुए हमें गले लगा लेंगी
पत्ते हमारे हाथों में आते ही बन जाएँगे दोने
जिनमें हम
'सराफ़ा बाज़ार' की आलू की कचौरी और जलेबी खाएँगे
साबूदाने की खिचड़ी भी खाएँगे
चाय की केतली से उठती भाप और
कुल्हड़नुमा कप हमारी राह तकेंगे।

वे जिनसे मिले बिना शहर छोड़ आई
बरगद की तरह फैलते ही जा रहे हैं मेरे भीतर
हम कहीं भी रहें कितनी ही दूर रहें
एक दिन हमें मिल ही जाना है
इसी आस में लौटूँगी एक दिन।

[10 अक्टूबर, शनिवार 2020, भोपाल]

मेरी सहेलियाँ

मेरी सारी पुरानी सहेलियाँ
कहाँ होंगी इस समय?
जिनकी कोई बात याद करते हुए
अचानक से हँस पड़ती हूँ आज भी।

जिन्होंने कई बार रास्ता पार कराया
अपने हिस्से का खाना दिया
मेरे हिस्से की तुरपाई की, रूमाल काढ़ा।

बहुत ज़्यादा कबीट खाने से मना करती थीं
भरी बारिश में अचानक से छाता हटा लेती थीं
फिर ओलों की तरह
सबकी हँसी सड़क पर चमकती गिरती थी।

किसी एक को मिली सज़ा को सबमें बाँट लेती थीं
रोने को चिढ़ाकर भगाती थीं
झुंड बनाकर बारिश को देखती थीं
अचानक कोई किसी एक को धक्का देती थी
सब एक दूसरे पर झूमतीं
पानी में तर-बतर हो जाती थीं।

मेहँदी लगाती थीं
किसकी कितनी ज़्यादा रची में
जो सारा दिन गुज़ार देती थीं।
रविवार को गहरे काले घने लम्बे बाल धोती थीं
और उन्हें सारा दिन छत पर सुखाती थीं।

बेर और लुब्दो खाती थीं
सूखे में नाव चलाती थीं
पतंग उड़ाती थीं
मंझे से उँगली कट जाने पर
सारा दिन सी-सी करती थीं।
चपेटे खेलती थीं
अष्टा-चंगा खेलते कोई दाँव नहीं खेलती थीं।

दो की जगह में सात अँट जाती थीं
वे सात सहेलियाँ कहाँ होंगी अब?

क्या, अब भी वे
मस्ती में डोलती फिरती होंगी
क्या, वे भी
मुझे याद करके हँस पड़ती होंगी, आज भी।

[07 जनवरी, मंगलवार 2019, इन्दौर]

एक चीज़ कम

पेंसिल एक उम्मीद और नाउम्मीद दोनों है
छिलते हुए उम्मीद जगाती है
टूटती हुई नोक
तीर की तरह कलेजे में धँसती है।

तय 'ग़रीबी रेखा' के आधार पर
जीवन का ग्राफ़ खींचना बहुत मुश्किल है
हम ग़रीबी रेखा से नीचे नहीं हैं
रेखा से ऊपर पहुँचने का तो सवाल ही नहीं
हमारी नसैनी की टाँगें जो टूटी हुई हैं।

हमारे पास मोबाइल, टी.वी., कम्प्यूटर
लैपटॉप और एक घर भी है
जिसे हम इतने हुनर से सुसज्जित करते हैं कि
वो ग़रीबी रेखा से नीचे का घर कहीं से न लगे।

हम वो हैं जो साड़ियों को परदा बनाने में
अपनी पूरी कलाकारी झोंक देते हैं
इतना उधार है जीवन में कि
उधार, उधार जैसा लगता ही नहीं।

अब और क्या बताएँ,
यह समझिए, हर दिन थाली से
एक चीज़ कम होती जाती है।
कहते उसकी आवाज़ थरथराई नहीं
काँपी भी नहीं, बल्कि ऐसी हो गई
जैसे गूँगे को हो बोलने की आज़ादी।

यूटोपिया

उसने अपनी जेब में
इतने अहंकार से हाथ डाला कि
उस पल मुझे लगा
काश : किसी के पास जेब न होती
तो कितना अच्छा होता
आख़िर, क्यों हो किसी के पास जेब?

मैं एक यूटोपिया में प्रवेश करने जा रही हूँ
बंजारा, ख़ानाबदोश, हिप्पी, नो मेंस लैंड
कुछ भी कह लो मुझे
अपने इस यूटोपिया में
बिना जेब के हूँ मैं
ख़ालीपन मुझे अच्छा लगता है
तिस पर
जेब के ख़ालीपन के तो कहने ही क्या!

क्यों बढ़ा रही हूँ बात को इतना
कहना चाहिए कभी-कभी
कलेजे को चीरती
सीधी सच्ची दो टूक बात
आख़िर, क्यों हो किसी के पास जेब?

[17 सितम्बर, बुधवार 2008, भोपाल]

आधी जगह

जब भी पेड़ को देखती हूँ
आधा देखती हूँ
आधा तुम्हें देखने के लिए छोड़ती हूँ।

हर जगह को
आधा ख़ाली रखती हूँ
सिरहाने को भी
आधा छोड़ती हूँ तुम्हारे लिए।

कभी भी
नदी को पूरा पार नहीं कर पाती
आधा पार
जो छोड़ती हूँ तुम्हारे लिए।

कमल के पत्ते पर पानी काँपता है
चाँद काँपता है जैसे राहु के डर से
वसन्त के डर से काँपता है जैसे पतझर
मैं काँपती हूँ आधेपन से
आधे चाँद से जल से भरे आधे लोटे से
काँपती हूँ तुम्हारे आधे प्यार से।

[7 नवम्बर, गुरुवार 2016, भोपाल]

गहरे बादल

एक दिन
बहुत तेज़ गहरे बादल घिर आए
एक बादल रुक गया
उसे देख मुझे तुम्हारी बहुत तेज़ याद आई
वहाँ भी बादल घिर रहे हैं, क्या?

मैं अपने होने की यादों में भ्रमण करती हूँ
केले के पात से ढँकती हूँ ख़ुद को
तुम मुझे छीलोगे तो
अनार के दानों की तरह ख़ुद पर बिखरा पाओगे।

तुम्हें प्यार करती हूँ इतना कि
सफ़ेद काग़ज़ पर लिखी अरज़ी बन जाना चाहती हूँ
कि हमें प्यार करते हुए काम पर जाना है
कि लौटते हुए हमें फिर प्यार करना है
कि हमें काम करना है लेकिन
इस तरह नहीं कि हम एक दूसरे से प्यार न कर सकें।
हम दूर, बहुत दूर हैं
हम प्यासे हैं
रुका, ठहरा बादल अचानक से बरस पड़ा।

[07 जनवरी, मंगलवार 2019, इन्दौर]

शीतलहर

शीतलहर चल रही है
दरवाज़े और खिड़कियों की संध से
हवा कमरे के भीतर घुस रही है।

जितनी ज़्यादा ठंड लग रही है
उतनी ही ज़्यादा तुम्हारी याद आ रही है।

ठंड से भरी इस रात में
तुम मेरे भीतर कोयले की तरह सुलग रहे हो
तुम्हारे उजले दाँत
दिए की लौ की तरह दिपदिपा रहे हैं
तुम्हें जितना भूलने की कोशिश करती हूँ
उतना ही याद आते हो।
याद से जितना सुख फूटता है
उगता है उतना ही दुख।

जितने दूर हो तुम
लगते हो उतने ही पास
जैसे चलती ट्रेन की खिड़की से दिखता चाँद।

[13 जनवरी, सोमवार 2020, इन्दौर]

दो किनारे

ओ मेरे प्यार
खोजती हूँ तुम्हें दिन रात।
तुम्हारे काले बाल और माथे की सिलवटें
तुम्हारे होंठ जो मुझे देखकर खिल उठते थे
तुम्हारी हँसी जिसमें झिलमिलाते थे मेरे दाँत
तुम अँधेरे से डरते थे, मैं उजाले से
आज अँधेरा मेरे मन के बहुत क़रीब है
क्या, तुम भी उजाले से सटकर बैठते हो?

कैसे हुए हम दूर
इतने दूर कि दो किनारे हो गए
सूखी नदी में खड़ी है नौका हमारे प्यार की
उदास, बहुत उदास।

[03 दिसम्बर, मंगलवार 2019, इन्दौर]

इतना अच्छा

एक दिन स्वप्न में
लोगों ने कहा मुझसे
तुम कितनी अच्छी हो।

भोर के देखे सपने अक्सर सच होते हैं।

जब उन्होंने कहा
तुम कितनी अच्छी हो
कहते, उनके चेहरे मुस्कुराने लगे।

मैंने नींद में करवट बदली और
शब्दों के पीछे के उनके भावों को पकड़ते सोचा

किसी को भी इतना अच्छा क्यों होना चाहिए
कि उसे ऐसे अच्छे लगने के सपने आने लगें।

[03 दिसम्बर, मंगलवार 2019, इन्दौर]

आज का दिन

खिड़की के पार
कुछ भी दिखाई नहीं देता
परदे के पार क्या है
घेरती है एक अजीब-सी बेचैनी
एक समूचा दृश्य
जीवन को भर सकता है कौतूहल से।

रात तारों के बिना अच्छी नहीं लगती
घर बाहर के बिना और
बाहर घर के बग़ैर अच्छा नहीं लगता।

आज के दिन कुछ ऐसा हो कि
पक्षियों का कलरव शोर की तरह न लगे।

[मई 2014, भोपाल]

दुख का सौन्दर्य

सूरज के ढलते
ढल जाता है कितना कुछ
दुख का सौन्दर्य है ढलता हुआ सूर्य।

डूबते सूर्य पर पक्षियों की चीत्कार
पेड़ों के संग सिसकता आकाश
पानी पर पड़ती डूबते सूर्य की परछाईं
वो थरथराहट, वो कम्पन पानी का
आकाश का साँवलापन
चिड़िया का रास्ता भूल जाना
चमगादड़ों का आकाश को घेर लेना
सूर्य के ढलते ही
दिन के साथ कितना कुछ विदा लेता है हमसे।

किसी की विदाई से ही जन्मा होगा
दुख में सौन्दर्य।

[22 जनवरी, रविवार 2006, भोपाल]

हाइवे पर लॉन्ग ड्राइव

एक बार में
पूरा का पूरा कुछ नहीं दिखता
कितना अच्छा हो
दिख जाए सारा का सारा
एक बार में।

एक ही रास्ते पर जाती हूँ बार-बार
दिखता है हर बार छूट गया कुछ
कितने रास्ते, कितने राहगीर, कितने मोड़
कितनी पुलिया, कितने पेड़ और कोण
जाने कैसे रह जाते हैं आँख में आने से।
दिखता है पहले तो बड़ा-बड़ा सब कुछ
सिमटता जाता है फिर सब कुछ धीरे-धीरे
एक अन्तराल के बाद
पतली-सी लकीर की तरह दिखती है सिर्फ़ सड़क
सिकुड़ती जाती हैं आँखें, झपकतीं नहीं पलकें
वाइड एंगल से नैरो एंगल में आना
कितना दुखदायी और घातक है।

साँप की तरह सरसराती गाड़ियाँ
निकल जाती हैं कितना आगे

तुम भी
मुझे छोड़कर निकल गए कितना आगे
पीठ फेर लेती हूँ यादों में भी।
तुमने मुझे ऐसे छोड़ा
जैसे बाढ़ में उफनते नाले को पार करते
एक चप्पल साथ छोड़ते बह गई थी
घुटनों तक पानी में डूबी
एक चप्पल को छाती से चिपकाए
दूसरी चप्पल के लिए कितना रोई थी, मैं।

जब भी लॉन्ग ड्राइव पर जाती हूँ
वाइड एंगल से नैरो एंगल में आती हूँ कि
आ जाती है तुम्हारी याद।

[31 अगस्त, सोमवार 2020, इन्दौर]

दो पेड़

बीते दिन रह-रहकर याद आते हैं
पगडंडी के उस पार के
सागौन के वे दो पेड़ हो गए कितने अकेले।

पगडंडी के उस पार की ज़मीन
किसी ने ख़रीद ली।

"जिसने भी ख़रीदी हो बेची हो जिसने भी
वो दो पेड़ लौटा दे।"
पगडंडी के इस पार के
बीस पेड़ करते हैं आपस में बातें।

एक पेड़ जिसके नीचे खड़े होकर
बतियाते, अँकुराते थे हम
दूसरा हमें आड़ देता था
सूरज की रोशनी में कहीं ज़्यादा चमक न जाएँ हम।

भरी दुपहरी का हमारा प्रेम
सागौन के दो पेड़ों में कैसा हरियाया।

तपती धूप में हमारी हँसी से
पेड़ को कितनी ठंडक मिलती थी।

एक बार जब चाँद पूरा निकला था
तारे थे अनगिनत
आधे अँधेरे, आधे उजाले के बीच
सागौन के उन दो पेड़ों के साथ
कैसे भीग गए थे हमारे मन।
सरसराते पत्तों ने कहा—
आज रात बहुत उजियारी है
छिप जाओ हममें
पत्ते बन जाओ कि बन जाओ जड़
या फिर बन जाओ तना हम उग आएँगे तुम पर
जब पूरा निकला हो चाँद तारे हों अनगिनत
तो प्यार करने वालों को पेड़ बन जाना चाहिए।

बेचने-ख़रीदने के इस फेर में
पेड़ हवा और हवा पेड़ तो नहीं बन सकते
पगडंडी से कहो
इधर को थोड़ी सिकुड़ जाए
उधर को थोड़ी चौड़ी हो जाए
वो दो पेड़ आ जाएँ बीस पेड़ों के पास।

[17 नवम्बर, गुरुवार 2016, भोपाल]

ऋतु-संवाद

ऋतुएँ बार-बार आती हैं
बार-बार मैं उनके पास जाती हूँ
वे कभी भी ख़ाली हाथ नहीं छोड़तीं
हमेशा बहुत कुछ देती हैं, लेती कुछ भी नहीं।

वसन्त के आते ही झरते हैं पत्ते
फूल उगते हैं, मन उमगते हैं
सोया प्रेम चहलक़दमी करता है
वीणा के तार झनझनाते हैं
मन की सूखी डार हरियाने लगती है।

जेठ के महीने में सब 'हाय, कितनी गरमी है'
कहते पेड़ों की ओर ताकते हैं
पेड़ भी मारे गरमी के कुछ नहीं कहते
वे तनिक भी हिलते नहीं
उन्हें देखकर गरमी चीत्कारें भरती है
तपती दोपहरों से हलकान नहीं होना चाहिए
यह याद रखना चाहिए कि
फ़सलें सूर्य की गरमी में ही पकती हैं।

सावन में झम-झम झड़ी लगती है
पोर-पोर भिगो देता है बरसता पानी
लबालब हो जाती हैं नदियाँ
छतरियाँ बाहर निकल आती हैं
बिजली के कड़कते ही हम अपनों के लिए सिहरते हैं
गायें सिर झुकाए पानी से बचती फिरती हैं
पानी से बेइन्तहा प्यार करने वाली
भैंस की ख़ुशी देखते ही बनती है।

शरद पूर्णिमा का चाँद न होता तो
खीर में मिठास न होती और
प्रेम में अमरता न होती।

जब ओस की बूँदें गिरती हैं हेमन्त ऋतु में
तब तलवों की सरसराहट से
तर हो जाता है गला।

ठंड में ऊनी कपड़े सन्दूक़ से बाहर निकलते हैं
इच्छाएँ भी निकलती हैं
अगली बार आधी बाँह का स्वेटर और
एक जैकेट ज़रूर ख़रीदेंगे
हज़ारों-हज़ार ऊनी कपड़ों में सबसे अच्छे वे लगते हैं
जिन्हें छोटे-छोटे बच्चे पहनाते हैं
ठंड से कुड़कते पिल्लों को

मैं घर से दूर हूँ
इसलिए ऋतुओं के पास होकर भी
बहुत दूर हूँ उनसे

कहता है पेड़ से गिरता पत्ता

ऐसा क्या पा लिया तुमने
जिसे खोने से डरती हो
मैं कहती हूँ
घर के सड़क किनारे का वो आख़िरी पेड़
जिसके झरते पत्ते
मेरी राह में अटके होंगे।

[27 जनवरी, सोमवार 2020, इन्दौर]

डसने का बखान

उस दिन वो बहुत उदास था
अँधेरी गहरी रात में जाने क्या सता रहा था
बेचैनी में करवटें बदलते उसने कहा—
मन नहीं लग रहा है
कैसा तो भी जी हो रहा है
कुछ अच्छा-सा कह, सुना दो
जिससे कि नींद आ जाए, ये रात चली जाए।
मैंने कहा—
ऐसे समय में क्या अच्छा कह सुनाऊँ?
वो बोला—
तुम अँधेरे को इतना खींच दो कि वो पूरी तरह पसर जाए
इतना घना हो जाए कि कुछ भी दिखना बन्द हो जाए।
वो कैसे?
—ये जो अँधेरे को तुम चिमनी की लौ से तोड़ती हो
यहीं उससे मात खा जाती हो
ज़रा-सी हवा से चिमनी बुझ जो जाती है।
तो फिर?
—अँधेर के टूटते ही
अँधेरे-उजाले की जोड़ी भी टूट जाएगी
कुछ जुड़ने के लिए टूटना ज़रूरी होता है
सिलाई उतनी बुरी भी नहीं, जितना तुम उसे समझती हो।

अपनी सारी उधड़न को छिपाते मैंने कहा—ऐसा!
—नागिन जैसी यह रात जो डसने आई है
इसे डसने दो, डसना इसका स्वभाव है
तुम डसने का बखान न करके
नागिन का समूचा ज़हर निकाल दो
कहकर वो एक लम्बी रात में चला गया।

रात, नागिन और ज़हर के बारे में सोचते
सारी रात गुज़र गई
सुबह भी रात जैसी ही आई...।

[21 जुलाई, मंगलवार 2020, इन्दौर]

यादों के जंगल में

तुम्हारे गहरे साँवले रंग में तिर रही थी
अचानक से बादल घिर आए
मूसलाधार बारिश होने लगी
पानी के संग एक टापू पर पहुँच गई
यह वही टापू था
जिसके बारे में सोचते हम कहते थे
किसी दिन
इस टापू पर आएँगे और जी भरकर करेंगे प्यार।

क्या, तुम भी बारिश में
यादों के जंगल में भटकते हो
क्या, तुम भी मुझे उसी तरह प्यार करते हो
जिस तरह करती हूँ मैं तुम्हें प्यार।

इकतरफ़ा यादों में भटकती हूँ
तुम्हें खोकर
फिर से तुम्हें पाने की कोशिश करती हूँ।

[18 जुलाई, शनिवार 2020, इन्दौर]

जिस तरह

जिस तरह
बारिश में पानी चूमता है
उस तरह
नहीं चूमा तुमने कभी भी मुझे।
जिस तरह
गुज़रती है हवा पेड़ों के पास से
उस तरह
नहीं गुज़रे तुम कभी मेरे पास से।
जिस तरह
चमकते हैं जुगनू अँधेरे में
उस तरह नहीं चमके
तुम मेरे मन के अँधेरे में।
जिस तरह खिलता है फूल
उस तरह नहीं खिले तुम।
जिस तरह सोचते थे
उस तरह
एक नहीं हुए हम-तुम।

[12 अगस्त, बुधवार 2021, भोपाल]

पिट्टू

कालू का बेटा है पिट्टू
कालू घर पर रहता है
पिट्टू खेत पर।

बहुत कम ऐसा होता है कि
कालू और पिट्टू एक साथ एक जगह रहते हों।

पिट्टू भूरा है और नन्हा
उसका लड़कपन सबका मन मोहता है।

एक दिन पिट्टू
चिड़ियों की चहचहाहट पर थिरक रहा था
मौसम सुहाना था, ठंडी ताज़ी हवा
रात के सारे कलुष धो रही थी।
पिट्टू कुछ ज़्यादा ही रम गया
खेत से सड़क तक लोटने-लहकने लगा
कि सड़क के उस पार के कुत्तों का हुजूम
पिट्टू पर टूट पड़ा।
हाथ में लाठी लिये ललकारते दौड़ते हुए
जब तक दादा खेत से सड़क पर आए

तब तक पिट्टू लहूलुहान हो गया
उस पार के कुत्ते भौंकते हुए दूर तक चले गए
इस पार का पिट्टू दबा-सहमा आँखों में आँसू भरे
दादा की गोद में हिचकियाँ लेते दुबक गया।

अब पिट्टू
टुकुर-टुकुर ताकता सिहर जाता है ज़रा-सी आवाज़ पर
चिड़ियों के चहकने से पहले ही
ज़मीन पर मुँह गड़ाकर जैसे कान बन्द कर लेता है
लाख बुलाने-पुचकारने पर भी नहीं आता
दादा हर दिन उस पार के कुत्तों को खदेड़ते हैं
पिट्टू को दूध बिस्किट देते हैं
लेकिन उसके भीतर बैठे डर को नहीं खदेड़ पाते।

कि आ गए आ गए आ गए
पतंग उड़ाने दादा के नाती-पोते आ गए
चिल्लर पार्टी को देख पिट्टू हुमकने लगा
फिर खेत के उस पार खड़े
जबरे कुत्ते को देख सहमकर दुबक गया।

दादा की सयानी बेटी ने पिट्टू को गोद में ले लिया
पुचकारते हुए बोली—
"का हो गओ पिट्टू, जाने तोए मारो, खूबई मारो।"
पिट्टू को सहलाते और जबरे को देख दाँत मिसमिसाते बोली—
"कोई बात नहीं, डर मत, रोए मत
रोवे से कछु नहीं होए, तेरे भी दिन आएँगे
जब जो बूढ़ो हो जाएगो और तू बड़ो
तब तू भी सूँत देइए जाए।"
चिल्लर पार्टी ताली पीट-पीटकर हँसने लगी
जबरे कुत्ते ने सुन ली जैसे यह बात

सिर झुकाए पलटकर चल दिया चुपचाप
पिट्टू दादा की बेटी के हाथों में लहराने लगा।

पिट्टू का मन बहल गया
डर निकलकर बह गया
मनुष्य एक सामाजिक प्राणी है तो
प्राणी भी तो एक सामाजिक मनुष्य है।

[07 जून, गुरुवार 2018, भोपाल]

माँ की आदतें

माँ की बहुत-सी आदतें मुझमें हैं
कुछ ऐसी भी जिनसे बहुत ज़्यादा चिढ़ती थी
मेरी एक भी आदत माँ में नहीं है
माँ की कई आदतें मुझमें बसर कर रही हैं।

पुरानी से पुरानी बात भी
बरसों बरस तक माँ को रहती है याद
वो कुछ भी भूलती नहीं है
कुछ भी मिटता नहीं उसके भीतर से
कोरी और लिखी स्लेट एक साथ है वो
माँ की ये आदत मुझमें भी है
तो क्या
माँ की तरह मेरा भी सिर दुखेगा लगातार?

माँ कभी भी ख़ाली हाथ बैठती नहीं
करती रहती है हमेशा कुछ न कुछ
अब जब वो अस्सी पार कर रही है
थक जाती है बहुत जल्दी
उसकी साँस भर आती है, घुटने जवाब देने लगे हैं
घुटनों को सहलाते कहती है
'अब पहले जैसी बात नहीं रही, उमर हो गई है'

जागते हुए थोड़ी देर सोती है
उठते ही फिर किसी काम में लग जाती है
माँ जानती ही नहीं आराम कैसे किया जाता है
ख़ुद के लिए कैसे जिया जाता है
लेकिन मैं यह बख़ूबी जानती हूँ
मुझमें और माँ में बस एक यही फ़र्क़ है
बाक़ी तो हम एक जैसे हैं।

[19 अक्टूबर, मंगलवार 2021, भोपाल]

बहन की आँखों में

बहन की आँखों में बरहमेश दुख रहता है।

रोती है तो दुख झलकता है
ख़ुश होती है तो झिलमिलाता है दुख
क्यों है बहन की आँखों में इतना दुख?

कहती है
मेरे दुख से दूर ही रहना
नहीं तो वो तुझसे भी चेंट जाएगा
लिपट जाएगा तेरी गर्दन से काले नाग की तरह
इस चीलगाड़ी को मेरे साथ ही रहने दे।

कराहते नहीं, हँसते बोलती है
इतना बड़ा जिगरा नहीं है मेरा
जिन आँखों में काजल लगाया मैंने
देख सकूँ उनमें दुख को।

बहन मेरी आँखों में दुख नहीं देख सकती
मैं हूँ कि जाने कब से
देख रही हूँ बहन को दुख में रहते।

[21 अगस्त, शुक्रवार 2020, इन्दौर]

पाँव के नाख़ून

एकदम भोर में
अटकता है कुछ गले में
रह-रहकर नाख़ून खदकता है

पिता भी
अलस्सुबह उठते-बैठते थे बिस्तर से
नींद में कुनमुनाती थी मैं
कौन जाने
जाता हुआ नाख़ून खदबदाता हो उनके भीतर।

पिता को याद करते
झर रहा है अटका हुआ नाख़ून
नाख़ून की तरह
पिता भी तो झर रहे हैं
अब जीवन से।

[जुलाई 2015, भोपाल]

भैया मारेगा

वो एक नाव
जिसे मछुआरे छोड़ गए किनारे
जो कहीं न जाने के कारण उदास है मेरी तरह
उस नाव पर कुछ देर बैठ जाना है

साइकिल लेकर निकल पड़ती है वो
उसे जाना है डूब क्षेत्र के उस पार
लेकिन
भैया के आने से पहले घर लौट आना है।

एक पूरा गोल घुमावदार चक्कर काट भी न पाई कि
लहराता दुपट्टा चेन के गले लग गया
रो रही है साइकिल पर लहराती लड़की
रोते-रोते साइकिल की चेन में फँसे
दुपट्टे को देख भर रही है हिचकियाँ।

हिचकियों में किसकी और कैसी याद भरी है?

बमुश्किल दुपट्टा चेन से निकला
लेकिन वो किसी काम का नहीं बचा
तार-तार हो गया दुपट्टा

दुपट्टे को देख लड़की की रुलाई बुरी तरह फूट पड़ी—
—"भैया मारेगा। भैया मारेगा, भौत मारेगा भैया?"
—"क्या करता है तुम्हारा भैया? कितना बड़ा है?"
पढ़ता है भैया बारहवीं क्लास में
यहीं खेल अकादेमी में काम करता है।
वो सिसकियाँ भरते, रोते हुए
आइल से सने चिन्दी-चिन्दी दुपट्टे को लिये
पैदल साइकिल लेकर चली गई।
भैया मारेगा—मारेगा भैया—भौत मारेगा
साइकिल की तानें भी घूम रही हैं सहमी-सहमी सी।

किसने सोचा था
छोटी-छोटी इच्छाएँ
जान पर खेलकर पूरी करनी होंगी।
कौन जानता था
रास्ता पार करने के लिए
हर बार कच्चे में उतरना होगा।

डूब क्षेत्र में बस जाना है
डूब जाना है और पानी के उतर जाने पर
पानी पर खड़े हो सबको पानी-पानी कर देना है।

[11 जनवरी, गुरुवार 2018, भोपाल]

घूरे पर दिया

दीपावली पर हर साल
धरती है दिया घूरे पर।

करती है माँ प्रार्थना
दीवाली की जगर-मगर रात में।

सारी रात
माँ का रखा दिया जलता है घूरे पर।

लक्ष्मी के आने का रास्ता और रहस्य
जाना हम सबने
जीवन के शुरुआती बरसों में
और
समझ नहीं पाई माँ
इतना जीवन बिता देने पर भी।

शायद
माँ के इसी अबोध अज्ञान पर
मुस्कुराती हैं लक्ष्मीजी।

[24 अक्टूबर, शुक्रवार 2003, भोपाल]

डलिया

जीजी को करैया जीजाजी तब छोड़कर चले गए
जब असल जीवन शुरू हुआ था
स्वाद आया था कि नमक छूट गया
नदी बगल से बहती है
लेकिन प्यास से कंठ सूखता ही नहीं
सीधी राह में तनिक भी तिरछापन नहीं।

भरी आवाज़ में बोली जीजी—
"हमरी डलिया बनवा लो बिन्ना
अब नहीं निभ रही हमसे।"

ससुराल में जीजी की पहली होली पर
बहुत बड़ी और रस से भरी डलिया गई थी
जिसमें मैदे की बड़ी-बड़ी पूड़ियाँ, गूजा-पपड़िया
चटपटे नमक से भरे सेव, नुक्ती, बरफ़ी और गुलाब जामुन थीं
माँ और बुआ ने
गीत गाते डलिया को रंग-बिरंगी साड़ी से सजाया था
कुछ इस तरह कि डलिया को ढकते हुए
कपड़े पर कोई सिलवट न आए
कोई ताड़ नहीं सकता था कि उसके भीतर क्या है
लेकिन उसकी महक को बुआ और माँ छिपा न पाईं।

ससुराल में डलिया के पहुँचते ही
महक जीजी के गले से लग गई
बन्द डलिया की एक-एक चीज़ को ताड़ गई जीजी
वो उस गीत को गुनगुनाने लगी
जिसे
माँ और बुआ ने डलिया को बनाते और बाँधते गाया था।

रस से भरी गुलाब जामुन खाते हुए
जीजाजी जीजी को रस से भरी आँखों से निहारते
डलिया के पास से गुज़रते जीजी को ठूँसा मारते थे
माँ बुआ की रस से भरी रंग-बिरंगी डलिया ने
जीवन में रंगों की बारिश कर दी थी।

वो रंग-बिरंगी डलिया
जिसकी महक से जीजी लहकती थी
अब दुख से कराहती है।

सुख में भेजी डलिया
दुख में याद आती है।

[12 अगस्त, शनिवार 2017, भोपाल]

पातालपानी

पातालपानी जलप्रपात
चारों ओर फैली घुमावदार पहाड़ियाँ
आँकती हूँ पातालपानी झरने की गहराई
मीटर गेज रेल की पटरियों पर
घोड़े की नाल-से दरवाज़े से गुज़रते
सुस्ताती हूँ रेल की पटरियों पर।

कालाकुंड रेलवे ट्रैक के पास से गुज़रने वाली
सभी रेलगाड़ियाँ मन्दिर को दो मिनट सलाम करती हैं
इसके बाद ही ट्रेन में सवार यात्री
सही-सलामत अपने गन्तव्य तक पहुँच पाते हैं
ऐसी भी कहानियाँ हैं कि सलामी न देने पर
यहाँ से ट्रेन आगे बढ़ ही नहीं सकती।

पटरी किनारे बना यह मन्दिर
अंग्रेजों के छक्के छुड़ा देने वाले
आज़ादी के जननायक टंट्या मामा भील का है
मामा को अंग्रेजों ने फाँसी देने के बाद
इसी कालाकुंड रेलवे ट्रैक के पास दफ़ना दिया था
टंट्या मामा की आत्मा
आज भी इन जंगलों में निवास करती है।

दबे स्वर में कहते हैं रेलवे वाले
पातालपानी से कालाकुंड का ट्रैक
एक ख़तरनाक चढ़ाई है
इसलिए
ट्रेन को रोका जाता है ब्रेक चेक करने के लिए
फुसफुसाहट में बात को बढ़ाते हुए
चूँकि यहाँ मन्दिर भी बना है
सो, टंट्या मामा को सिर झुकाकर ही आगे बढ़ते हैं।

सच्चाई में क़िस्से की तुरपन करते हुए
बैठी हूँ सर्पीली पटरियों पर दम साधे
क़िस्से मेरी ओर फन उठाए फुँफकार रहे हैं।

[25 जनवरी, शनिवार 2020, इन्दौर]

नकाब और पिछौरा

'नकाब में रहोगी तो
दुनिया औक़ात में रहेगी'
इस वाक्य को पढ़ते ही मैं उकड़ूँ बैठ गई
जिस तरह बुआ के सामने बैठती थी
जब वो गाँव की बस पकड़ने के लिए
बस स्टैंड जाते
ख़ुद को पूरी तरह पिछौरे से ढक लेती थी।

रज़िया बड़े होकर बुरका पहनेगी
हम बड़े होकर पिछौरा ओढ़ेंगे
ये सोचते ही
हमारे पेट में अजीब-सा दर्द होता था
जो अजवाइन और काला नमक
खाने से भी दूर नहीं होता था।

बुआ जब घर आती तो
देहरी से ही हँसते हुए पिछौरा उतार फेंकती थी
हमारे साथ 'आला पुकड़ी-बाला पुकड़ी' खेलते
उसके बाल खुल जाते थे
खुले लहराते काले बाल और ख़ुशी में लहकती बुआ।

भीड़-भरे चौराहे पर
पीठ पर बस्ता लादे
ऑटो में छोटी-छोटी बच्चियाँ बैठी हैं।
वे रोज़ स्कूल आती-जाती हैं
रोज़ किताबें पढ़ती हैं
रोज़ होमवर्क करती हैं
रोज़ खेलती हैं, ठुनकती हैं
वे रोज़
'नकाब में रहोगी तो
दुनिया औक़ात में रहेगी' के संग बड़ी हो रही हैं।

चौराहे को पार करती ऑटो में लिखी ये पंक्ति
जाने कहाँ-कहाँ जाएगी
ऐसी पंक्तियाँ रास्ता नहीं भूलतीं कभी
और
मरती भी नहीं हैं ऐसी पंक्तियाँ।

[31 जनवरी, शुक्रवार 2020, इन्दौर]

घरबन्दी

घरबन्दी के बावजूद मोहल्ले में या मैदानों में
सड़क न सही तो एक से दूसरी, दूसरी से तीसरी
तीसरी से चौथी पतली गली से गुज़रते
एक लम्बी गहरी साँस छोड़ते हुए
अपनी ही साँस पर संशय करते
यह भूल जाते हैं हम कि
हम बग़ल के घर की देहरी पर खड़े हैं।

क्या ये सम्भव है
दोनों हाथ फैलाए दौड़ पड़ूँ ताज़ी-खुली हवा में?
हवा में भी संक्रमण है
जाने क्या-क्या कहा जा रहा है
कोरोना संक्रमण के इस दौर में
कहने-सुनने से भी बढ़ रहा है संक्रमण।

कितना अजीब है
आठ घंटे से मास्क लगाए बैठी हूँ
कुछ खाना तो दूर, पानी भी नहीं पिया
एक बार भी बालों पर हाथ नहीं फेरा
आँखें दुख रही हैं, वे बन्द होने को होती हैं

मारे डर के उन्हें और-और खोलती हूँ

किसी भी तरह की अच्छी-बुरी
ख़बर सुनने से बच रही हूँ।

मैं बच रही हूँ लेकिन
किसी को बचा नहीं पा रही हूँ।

[26 अगस्त, गुरुवार 2021, भोपाल]

तीसरी लहर और लेमन-टी

खटकों से भरा मन लिये
खड़ी हूँ कोने की दुकान में
किसी भी चीज़ को छू नहीं रही हूँ
कोई मुझसे छू न जाए
बरत रही हूँ इसकी भी एहतियात
मुँह फेर रही हूँ
गरमा-गरम कचौरी और समोसे को देखकर
फेर रही हूँ जाने किस-किससे मुँह
इस कोरोना काल में।

लेमन-टी, लेमन-टी, लेमन-टी
नन्हे कन्धों पर दो बड़े से झोले लटकाए
बीच सड़क पर नीबू चाय बेचता लड़का
घिर गया है ग्राहकों से।
अचानक सबको धकियाता
गुब्बारे बेचता छोटा-सा लड़का
'एक मुझे भी दो जल्दी से'
सारे ग्राहकों को दरकिनार करते पकड़ाया
उसे सबके एवज़ में ज़्यादा भरा कप।
—तुम्हारा छोटा भाई है?
—नहीं, मैं उसे ऐसे ही पिलाता हूँ रोज़।

भरे कप को लिये भाग खड़ा हुआ गुब्बारे वाला
पेस्ट्री खाते बच्चे और उसकी माँ के पास।
शाम के सात बजे बाज़ार बन्द करने के लिए
बज रहा है चारों ओर पुलिस का सायरन
गुब्बारे वाला बच्चा भी कम नहीं
गति को द्रुत गति में बदलता बजा रहा है भोंपू पे भोंपू
लेमन-टी, लेमन-टी, लेमन-टी
रात कर्फ़्यू की सीटियों की आवाज़ से भी
तेज़ होती जा रही है उसकी पुकार
अभी आधे गुब्बारे बचे हैं और
बची है केतली में इतनी ही चाय।

इस ठहरे हुए से जीवन में हो सकता है
कभी भी लॉकडाउन का ऐलान।

[08 अगस्त, रविवार 2021, भोपाल]

अच्छे दिन

वो दिन
कभी तो आएँगे
जब बुरे दिन बदल जाएँगे अच्छे दिनों में।

अच्छे दिनों के आते ही उड़ूँगी नहीं
नहीं तो
उड़ जाएँगे अच्छे दिन भी।

बहुत ज़्यादा सँभालकर भी नहीं रखूँगी
वरना
सूख जाएँगे पेन की स्याही की तरह।

अपने साथ काम पर ले जाऊँगी
वरना
घर में बैठे-बैठे अकड़ जाएँगे अच्छे दिन।

अच्छे दिन
कितने तो अच्छे होंगे
कि उनकी आस में
कड़वे दिन भी लगते नहीं कड़वे।

[25 नवम्बर, सोमवार 2013, भोपाल]

दुख का सुख

जीवन में दुख है इतना ज़्यादा कि
रह-रहकर दुख से फूटता है सुख।

दुख को पानी नहीं चाहिए
खाद-मिट्टी भी नहीं चाहिए
चट्टानों के बीच से
कोंपल की तरह फूटता है दुख।

सबसे ज़्यादा उर्वर होने का
सुख है दुख के पास।

मैं अपना दुख किससे कहूँ
वो चट्टान भी तो नहीं कि
कोंपल की तरह फूट जाऊँ उसके भीतर से।

आधा चाँद और एक पूरा तारा
मन के मेरे बहुत क़रीब हैं
चाँद और तारे के बीच ख़ाली जगह है
ख़ाली जगह को भरने के लिए
क्या आकाश में चाँद की तरह उगना होगा
या टँकना होगा तारे की तरह।

क्या,
वो अब भी चाँद-तारों को देखता होगा
वही
जिसके भीतर से कोंपल की तरह
फूटना चाहती हूँ मैं।

[21 जनवरी, शनिवार 2017, भोपाल]

एक मिनिट, बच्चे उतर रहे हैं

'एक मिनिट, बच्चे उतर रहे हैं'
नवलखा चौराहे पर बस के पीछे लिखी पंक्ति से
उम्मीद में झाँक रहे हैं बच्चे।
कहते हैं कि इस जगह पहले नौ लाख पेड़
और बीच से बहती खान नदी थी।

सड़क किसी एक की नहीं, सबकी होती है
बस की खिड़की से लूम रहे हैं बच्चे
बढ़ रहे हैं वे दरवाज़े की तरफ़
वे स्कूल जा रहे हैं तो उन्हें क्लास में जाना है
स्कूल से लौट रहे हैं तो घर जाना है
होमवर्क पूरा करना है घर जाकर।

चौराहे से
दस द्वार की तरह खुलते दस रास्ते
पैदल चलते लोग
भयभीत से दम साधे खड़े हैं
चढ़ आए हैं फ़ुटपाथ पर दुपहिया वाहन
कट मारते, गाड़ी को तिरछा करते
सँकरी जगह में चीत्कार पैदा करते
वे सटाक से निकल रहे हैं।

पैदल चलता आदमी फ़ुटपाथ में धँसता
मारे डर के रेलिंग पर खड़े हो जाना चाहता है
रेलिंग के नीचे खाई है, जो कभी नदी थी।

सारा मलबा
आँखों और कानों में जम गया है
पेड़ अगर आज होते तो
बस पर यह पंक्ति न लिखी होती
'एक मिनिट, बच्चे उतर रहे हैं।'

[12 दिसम्बर, गुरुवार 2019, इन्दौर]

खटराग

कई बार एक दूसरे को देखते
हम इतने ख़ामोश हो जाते हैं कि
ख़ामोशी से एक दूसरे को देखना
अच्छा लगने लगता है।

ख़ामोशी जब तक हमारे भीतर बसेरा डाले
हमें कोई काम याद आ जाता है
जो चाय पहले एक दूसरे के क़रीब करती थी
जिसकी भाप से
हमारे भीतर की ख़ामोशी साँस लेती थी
वही चाय खटराग के चलते
हमें शाम से अलग कर देती है
रातें हमारी थकान से भरी
सुबहें कितनी तो सांसारिक।

तृप्ति और अतृप्ति का कैसा सुन्दर मिश्रण है
हमारा साथ-साथ रहना
जिसमें सिवाय हमारे
रहता है यह जग सारा।

[03 दिसम्बर, मंगलवार 2019, इन्दौर]

नृत्य से भरी शाम

लाइटिंग करते-करते
वो कहीं दूर, बहुत दूर
आकाश ताकने लगता है
फिर अचानक एक चौंक के साथ
एक नहीं, कई लाइट फेंकता है मंच पर
तालाब किनारे
मंच पर चलते फ़्यूज़न नृत्य में
बिखेर रहा है वो, एक साथ कई रंग।

बचती फिरती हैं नृत्यांगनाएँ लाइट से
उनकी आँख से निकलते पानी से
दर्शकों की आँख में आँसू आ जाएँ
ऐसा कोई दृश्य
मंच पर अभिनीत नहीं हो रहा है।

वो क़हर बरपा रहा है लाइटिंग से?
क़हर तो उस पर भी बरपा
जो काम उसका है नहीं
वो मुफ़्त में लिया जा रहा है उससे।

वो तकनीशियन नहीं है
डिप्लोमा तो दूर, ग्यारहवीं पास तक नहीं
तारों को बिछाना और फिर उन्हें
इस तरह समेटना कि वे उलझें नहीं
उठाते-धरते, सारे काम निपटाते
उसे हर दिन घर जाने में हो जाती है देर।

आदमी कुछ भी कर सकता है रोज़गार के लिए
झाँकी में राम बन सकता है तो
रावण बनकर जल भी सकता है
नारे लगा सकता है जुलूस में
रैली में 'हाय-हाय' कर सकता है
आग लगा सकता है दंगों में
गोली चला सकता है, कूट सकता है छाती
तो लाइटमैन का काम क्यों नहीं कर सकता?
यह और बात है कि
अँधेरे मन से सब दूर उजियारा करता है, वो।

कौए

जब बिजली के तार से
किसी एक को करंट लग जाता
तब सारा आकाश और धरती
कौओं के चीत्कार से पट जाती थी।
कितना ज़बरदस्त एका था कौओं में
जो भय और वेदना को देता था एक साथ जन्म।

कौआ घर की मुँडेर पर या
छत पर काँव-काँव करता है
तो कहते हैं घर में आएगा कोई मेहमान।

यदि किसी के सिर पर कौआ बैठ जाए
तो वह सब दूर ख़बर करता है
ख़बर सुनकर परिजन और नाते-रिश्तेदार शोक करते हैं
दूसरे दिन या कई दिन बाद चलता है मालूम
कौआ सिर पर बैठने से मृत्यु की ख़बर दी गई थी यूँ ही
इस तरह आई विपत्ति टल जाती है।

जब मैं अपने ही देश से निष्कासित होऊँगी

तब कौन-सा देश विलाप करेगा मेरे लिए
किस देश भेजूँगी अपनी नागरिकता की मृत्यु की ख़बर
क्या, कौए आस का प्रतीक बनते जा रहे हैं।

[18 दिसम्बर, बुधवार 2019, इन्दौर]

झरना

जिस तरह
हर पल, हर समय, पूरी तरह
उगते पत्ते को पल-पल नहीं देख सकते
उसी तरह झरते पत्ते को भी
अब झरा कि तब झरा नहीं देख सकते।

पीले पत्ते झरते हैं तो
झरती हूँ भीतर ही भीतर
झरना नष्ट होना नहीं है
पेड़ ने चुपके से कहा, कान में
जो झरते हैं, वही तो उगते हैं
जो कटते हैं, वही तो बोलते हैं।

[09 जनवरी, गुरुवार 2020, इन्दौर]

गूगल पर रास्ता

मुझे संसार से विरक्ति चाहिए
और जीवन में भक्ति चाहिए।

धर्म, अर्थ, काम, मोक्ष से परे
एक नागरिक जीवन चाहिए।

माया और काया से परे
एक निर्मल मन चाहिए।

हिन्दू, सिख, ईसाई, बौद्ध, जैन, मुसलमान से परे
मनुष्यता से भरा नागरिक जीवन चाहिए।

मैं अपने ही देश में
देश को खोजती फिरती हूँ
जगह-जगह रुकती हूँ, रास्ता भटकती हूँ
फिर-फिर पूछती हूँ, उलझती हूँ फिर-फिर।

गूगल मानचित्र पर उँगलियाँ फिराते
ढूँढ़ रही हूँ वो जगह
जहाँ नागरिकता धर्म से नहीं
मनुष्य होने की ख़ातिर प्रदान की जाए।

गूगल पर देश में घर का रास्ता खोजते
याद करते उन्हें, जिन्होंने वक़्त-बेवक़्त
'सीधे चले जाओ और गर्दन घूमने से पहले
बायें मुड़ जइयो फिर
आखिरी कोने में, चूने से पुते घर से,
कोई से एक बार और पूछ लेइयो
पहुँच जाओगे फिर ठीए तक।'

सदियों से रह रहे इन बंजारों जैसों ने
जाने कितने राहगीरों को पहुँचाया मंज़िल तक
ये अपने ही देश में
किसको देंगे अपनी नागरिकता की अर्ज़ी।

[18 दिसम्बर, बुधवार 2019, इन्दौर]

सड़क

आकाश के लिए नहीं है
नहीं है दीवारों के लिए
खिड़की से दिखती ज़रूर है लेकिन
खिड़की के लिए भी नहीं है सड़क।

पाँव से डामर को छुड़ाते
सोचते नहीं हम
सड़क पर चुभे अपने निशानों के बारे में।

क्या, सड़कें भी दर्द से कराहती हैं
जब सड़क पर अर्थी लिये चलते हैं लोग
झूमते बारातियों के संग क्या झूमती हैं सड़कें भी।
आदमी की हर यात्रा शुरू होती है सड़क से
गोल घुमावदार रास्ते, सावधान आगे अन्धा मोड़ है
कहती हैं सड़कें हमारे जीवन की कहानी।

सड़क की कहानी उनसे पूछो
दर्ज हैं
जिन रास्तों और गाँवों के नाम रजिस्टर पर
लेकिन सड़कें पहुँचीं नहीं कभी उन तक

जाते हैं उन तक सिर्फ़ धुआँ और कालिख
नक़्शे में दौड़ती ये सड़कें कहीं नहीं पहुँचातीं।

जन्मजात दुश्मनी है डामर और पानी में।

सड़क सोने की खान है ठेकेदार के लिए
मज़दूर के लिए एक दिन का राशन
हमारे लिए
सुगमता से घर पहुँचने का रास्ता।

टूटे दाँत लिये टेढ़ी हँसी हँसता
कौन हँसता है अधबनी सड़क पर।

[19 मार्च, बुधवार 2008, भोपाल]

पुल

जब भी सूखे पुल पर पाँव धरती हूँ
पढ़ते ही पानी-पानी हो जाती हूँ—
'सावधान
पुल पर पानी होने पर पुल पार न करें'।

मैं पानी के घर में रहना चाहती हूँ
खोजती हूँ पानी में पानी का सिरहाना।

किनारे पर जब नदी को निहारती थी
तब वह मुड़ जाती थी अचानक से
पलटकर देखती थी वो मुड़ते हुए
उसके देखने से मेरे गालों में गड्ढे पड़ते थे
अब वह मुड़ती नहीं है, पलटती भी नहीं है
बहती भी बहुत कम है।

पुल पर पानी होने पर
पुल को पार करना चाहती हूँ मैं।

[06 जनवरी, सोमवार 2020, इन्दौर]

विकार

अँधेरे में जुगनू चमकते हैं
तो लगता है हीरे चमक रहे हैं

मैं ख़ुद से पीड़ित हूँ
दोष किसी और के सिर मढ़ती हूँ

मैं, 'मैं' से परेशान हूँ
इतना कि 'हम' में भी 'मैं' ढूँढ़ती हूँ।

[09 जनवरी, गुरुवार 2020, इन्दौर]

गमला

मेरे पास गमला है
मिट्टी है, खाद है, पानी है
बस, नहीं है तो एक पौधा
बीज भी नहीं है मेरे पास।

ख़ाली गमले में रोज़ पानी डालती हूँ
करती हूँ गुड़ाई-खुड़ाई
फैलने नहीं देती खरपतवार को।

प्रतीक्षा में हूँ
कोई चिड़िया कहीं से आ जाए
गमले पर बैठ जाए
खिड़की से दबे पाँव चिड़िया को चुगते
बीज को गमले में पड़ते देखूँगी
साँस भी बहुत धीमे लूँगी
कहीं चिड़िया उड़ न जाए और
गमले में बीज पड़ते-पड़ते रह न जाए
मैं ख़ुद-ब-ख़ुद उगने और बढ़ने की प्रतीक्षा में हूँ।

[19 जुलाई, रविवार 2020, इन्दौर]

सड़क पर जीवन

ऐसा ही ठाठ चाहिए
इतना ही सुकून, इतना ही आकाश
इतना ही धरती का हिस्सा
जितना इस समय इन चार के पास।

तिगड्डे के पास छूटी चौकोर-सी
पथरीली जगह पर बतिया रहे हैं
इत्मीनान से पाँव पर पाँव चढ़ाए
हाथों को लोड़ तकिया बनाए
तीन झबरे काले कुत्ते और बूढ़े दादा
बेख़बर डूबे हुए हैं अपने आप में।

इस मार-काट से भरे जीवन में
इतना ही सुकून चाहिए
इतना ही आकाश, इतनी ही धरती
इतना ही ठाट-बाट
जितना इस समय इन चार के पास।

[12 अगस्त, गुरुवार 2021, भोपाल]

पत्थर पर आकृति

सतपुड़ा के जंगलों में
पानी से पत्थर पर बनी आकृति में
एक औरत बच्चे का हाथ पकड़
जा रही है बियाबान की ओर।

बियाबान की ओर जाते क्यों
बियाबान से लौटते
क्यों नहीं दिखती औरत
पत्थर पर बनी आकृति में।

[14 मार्च, शनिवार 2009, पचमढ़ी]

मुझे कुछ कहना है

एक नहीं, कई पत्थर मिले
पचमढ़ी के हाँडीखोह और रीछगढ़ में
पाँच पत्थरों पर मन अटका
चार को ले आई अपने साथ।

वो एक दरदरा पत्थर
चौड़ा-सा उसका मुँह जिसमें दाँत की जगह
बेतरतीब-सी उगी घास की पत्तियाँ
एक आँख की जगह बड़ा-सा छेद
दूसरी आँख एकदम झकास काली
यथार्थ और कल्पना का अजीब-सा मिश्रण
पल-भर में असमंजस के चलते उसे वहीं छोड़ दिया
जबकि ऐन उसी समय
वो कह रहा था 'मुझे कुछ कहना है'
और मैंने पीठ फेर ली
क्या मुझे भी कहने वाले अच्छे नहीं लगते।

पान के आकार के कास्ट आयरन के
तीन लुभावने रंगीन पत्थर और
एक छोटा-सा गणेश की आकृति-सा साथ है मेरे

क्या, मिथकों से मोह के चलते ही
'मुझे कुछ कहना है'
कहते पत्थर को मैंने वहीं छोड़ दिया।

[19 अक्टूबर, मंगलवार 2021, भोपाल]

अजन्मा

चमकता दमकता उछालें भरता कुनमुनाता
एक सुन्दर चेहरा जन्म ले रहा होता है हमारे भीतर
आईना है हमारा शरीर
हमारा अपना अक्स आकार ले रहा होता है।

दिन के उजाले में साथ-साथ उसके
एक पैनापन आ बसता है हमारे भीतर
रात के अँधियारे में बदलते हैं करवटें
सहलाते हैं, प्यार करते हैं, चूमते हैं उसे
वो जो नहीं है हमारे सामने
जिसका अपना पूरा आकार भी नहीं
सिहरता है हमारे साथ-साथ
अचानक हमारा पैनापन दबोचता है उसे
क्या था वो
जिसे जन्म लेने से पहले हमने पैनेपन के साथ मारा।

कोसते हैं हम पूरी पृथ्वी को
धरती हमारी आँखों के आगे तार-तार
हमने उसे जन्म नहीं लेने दिया
नहीं मारा धारदार हथियार से

शब्दों से भी नहीं मारा, इच्छा से भी नहीं मारा
हमने उसे मारा और कह भी नहीं सकते कैसे मारा।

जन्म देंगे जब भी किसी को
याद दिलाएगा वह अपनी, कुनमुनाएगा
किसी कोने को पकड़ अकेले में सिसकेंगे हम
हमारे भीतर कुछ अजन्मा है, कसकता है जो
पैनी मुस्कान लिये बतियाता है भीतर ही भीतर।

नए ढंग से

कहना है मुझे उस तरह
जिस तरह कहा नहीं गया अब तक।

पेड़ फूल पत्ते चाँद तारे आकाश धरती
यह दुनिया कितनी सुन्दर है
फिर भी
क्यों इसमें मन नहीं लगता है
इस कही गई बात को कैसे कहूँ कि
लगे ये मेरी अपनी एकदम नई, अलहदा।

मैं तुम्हें प्यार करती हूँ
तुम्हारे बिना
कुछ भी अच्छा नहीं लगता है
इस कहे हुए को ही कहना है
एकदम नए ढंग से।

एक कहन है
अटका हुआ है जो कहीं भीतर
आता नहीं वो उस तरह
आना चाहिए उसे जिस तरह।

कहे हुए को कहने के लिए
फँसती हूँ कहन में
कहने को कुछ ख़ास नहीं
फिर भी चाहिए एक ख़ास कहन।

[08 फरवरी, मंगलवार 2022, भोपाल]

धुन और बातें

सब्ज़ी वाले ने तराज़ू उठाया और मैं
हाथ ठेले पर रखी सब्ज़ियों को देखते
मन ही मन रंगों का संयोजन करने लगी।
"वाह,
कितनी ताज़ा मटर है।"
मैं एक नहीं, मुफ़्त की कई मटर खा गई
झोला लेते और मटर चबाते पूछा—
—"कितने हुए भैया?"
—"मैडम जी, एक सौ बीस।"
—"अरे बाप रे, कितनी महँगी हो गई सब्ज़ी।"
—"जी, मैडम जी बहुत महँगी हो गई" कहते
सब्ज़ी वाले ने मटर के ढेर को अपनी ओर समेट लिया।
—"ग़रीब आदमी क्या करता होगा भैया?
कौन-सी सब्ज़ी खाता होगा।"
—"क्या पता" कहते उसने कन्धे उचकाए
और सब्ज़ियों पर पानी छींटने लगा।
हम कम ग़रीबों ने
बहुत ज़्यादा ग़रीबों के बारे में अमीरों की तरह बात की।

स्वचालित सीढ़ियों पर दो मध्यवर्गीय आदमी
नीचे से ऊपर जा रहे हैं

जबकि सीढ़ियाँ धीमी गति से ऊपर से नीचे आ रही हैं
वे चढ़ते चले जा रहे हैं और लोग हँसते जा रहे हैं
—"ऐ भैया, किधर जाने का?"
एक पलटता है कहने वाले की ओर
सीढ़ियों के रहस्य को समझते
उतरने लगता है वह अकबकाते हुए
दूसरा है कि चढ़ता चला जा रहा है धुन में
हँस रहा है लोगों का हुजूम—
जाओ, जाओ, जाओ, ख़ूब ऊपर जाओ।
धुन में नीचे आती सीढ़ियों पर
वह चढ़ता चला जा रहा है
धुन आदमी को कहीं नहीं पहुँचा रही है।

[24 मार्च, शुक्रवार 2016, भोपाल]

खेल और युद्ध

खेल को खेल की तरह खेलो
खेल को युद्ध में मत बदलो।

खेल की आड़ में युद्ध-युद्ध खेलोगे
तो मैदान नहीं बचेंगे फिर।

बिना खेल-मैदान के
पहचाने जाएँगे हम ऐसे देश के रूप में
जो युद्ध को एक खेल समझता है
और इस तरह खेल की आड़ में
देश को युद्ध की आग में झोंकता है।

[12 मई, शुक्रवार 2017, भोपाल]

बंजर मन

बंजर ज़मीन
अपने भीतर पैदा हो रहे
पत्थर के फूल बनने का स्वप्न देखती है रात-दिन।

उपजाऊ ज़मीन के आँसू ख़ुशी के आँसू हैं
जो ओस की बूँद बनकर ढुलकते हैं फ़सलों पर
बंजर ज़मीन के आँसू
चूल्हे के पास बैठी
औरत की आँख में आकर सूख जाते हैं
सूखकर वे पपड़ियाते नहीं हैं
वे तो लाल कर देते हैं आँखों को।

उपजाऊ ज़मीन चलती है मेरे आगे-आगे
देखती हूँ बंजर ज़मीन को मुड़-मुड़कर।

सपने में पानी की बौछार कलेजे पर पड़ती है।

[16 मई, मंगलवार 2017, भोपाल]

जन-संवाद

जन किससे संवाद करे और
कौन-से जन से संवाद करेंगे आप।

कार्यक्रम को रोचक बनाने के लिए
थोड़ा-सा आक्रोश, थोड़ा विवाद
सहमति के साथ थोड़ी-सी असहमति।

मोंटाज प्रतीकात्मक होना चाहिए
शब्द कम से कम
एनीमेशन और बैकग्राउंड म्यूज़िक
अभिधा, लक्षणा और व्यंजना को परे धकेलते
प्रतीक के सहारे एनीमेटेड मानव।

कार्यक्रम में मंच पर विराजमान हैं सत्तासीन
हज़ारों हैं नारे लगाते, हवा में हाथ लहराते

कितना रोचक होगा जन-संवाद
जिसमें बुत करेंगे सत्तासीन से संवाद।

[25 दिसम्बर, शनिवार 2017, भोपाल]

देखने पर पाबन्दी

देखने पर पाबन्दी है इन दिनों।

वे कहते हैं
उनसे बेहतर कोई नहीं
हम कहते हैं
उनसे बदतर कोई नहीं इन दिनों।

देखने पर नहीं
दिखाने पर ज़ोर है इन दिनों
जो देखना चाहते हैं वो नहीं
वे जो दिखाना चाहते हैं
वही दिखता है इन दिनों।

वो दिन दूर नहीं
जब आकाश को देखने पर भी होगी पाबन्दी
इन दिनों तो
धरती पर धरती के बारे में कुछ कहने पर है पाबन्दी।

बोलने-बतियाने, तपाक से गले मिलने
कुछ कहने-सुनने, खाने-पीने

मिल-जुलकर, हँसने-बतियाने पर
पाबन्दी है इन दिनों।

किसी अपने के कन्धे पर
सिर रख रो लेने पर है पाबन्दी इन दिनों।

कैसी पाबन्दी है इन दिनों
जिसने 'एकला चलो रे' के अर्थ ही बदल दिए।

[11 नवम्बर, बुधवार 2020, भोपाल]

इस लोकतंत्र में

मैं जीना चाहती हूँ
लेकिन
वैसे नहीं जैसे तुम चाहते हो

मैं पेड़ को पेड़ कहना चाहती हूँ
उसके हरेपन और नए पत्तों में
खिल जाना चाहती हूँ
तुम उसके इतिहास में जाकर कहते हो
ये हमारे मूल का नहीं
तुम पेड़ की मूल प्रजाति में विश्वास करते हो
मुझे पेड़ के संग हरियाने से रोकते हो।

जिस दिन गिलहरी ने
अपना घोंसला बनाया पेड़ में
उस दिन से मेरा मन पेड़ के भीतर रहने लगा
गिलहरी कहीं भी किसी भी जगह गाँव देश परदेश में
बना सकती है किसी भी पेड़ पर अपना घर
एक गिलहरी दूसरी गिलहरी से
कभी नहीं पूछती—तुम्हारा पूरा नाम क्या है?

मैं नदी-सा बहता जीवन जीना चाहती हूँ
तुम हो कि नदी को घाट से पाट देना चाहते हो
वाल्मीकि घाट पर खड़े हो झाँकती हूँ नदी में
तुमने नदी को नदी से पाट दिया।

किसी एक को राष्ट्रीय बग्गी में सुशोभित करते हो
लेकिन
हम सतरंगी सपनों के संग घोड़ी पर भी नहीं बैठ सकते
तुमने हमसे हमारे द्वीप छीने
सारा नमक ले लिया और सबसे ज़्यादा
खारेपन की उम्मीद हमीं से करते हो।

देश का संविधान कहता है
हमें वोट देने का अधिकार है
तुम कहोगे लोकतंत्र में ऐसा ही होता है
मैं कहती हूँ
जब नदी को नदी, पेड़ को पेड़ और
अँधेरे को अँधेरा नहीं कह सकते तो
इस लोकतंत्र में
किससे कहूँ अपने मन की बात।

[20 मार्च, सोमवार 2017, भोपाल]

समय और मुश्किल

ये मेरा समय है
जिसमें दर्ज नहीं मेरा होना
मेरा रहना, मेरा कहना।

मैं चुप हूँ
मैं बहुत बोलती हूँ
मैं वैसा नहीं कहती
जैसा तुम चाहते हो।

चुप तो मुश्किल
कहो तो मुश्किल
जागो तो मुश्किल
सोओ तो मुश्किल।

ये कैसा समय है
जिसमें
दूध की मुस्कान में भी खोजे जाते हैं अर्थ।
जिसमें चुप को कहना
और
कहने को चुप समझा जाता है।

[21 जनवरी, मंगलवार 2020, इन्दौर]

दूर और पास

बहुत पास से नहीं
बहुत दूर से
लगते हैं पहाड़ छोटे
लगते हैं
वे सारे काम आसान दूर से
होते हैं जो सबसे मुश्किल।

मग़रिब की पढ़कर चलेंगे

सतपुड़ा शृंखला की सबसे ऊँची चोटी
धूपगढ़ में सूरज डूबने-डूबने को है
जितने लोग उतने मोबाइल, उतनी ही अदाएँ
एक नहीं, हज़ार चीज़ें हैं देखने और डूबने को
लेकिन सेल्फ़ी की धुन सबको ले डूब रही है।

झिलमिला रहा है सूर्यास्त आँख के पानी में
आकाश में एक नहीं, कई रंग-छटाएँ
पल-पल परिवर्तित सूर्य के रंग-रूप
सूर्य की किरणें तवा नदी के संग कर रही हैं अठखेलियाँ

फ़ोटो खींचते और खिंचाते हुए लोग
न ख़ुद कुछ देख रहे न देखने दे रहे
बनाए जा रहे हैं वीडियो पर वीडियो
डूबते-निकलते सूरज को देख
युवाओं का झुंड कूकता है ज़ोर से
गूँज उठती है पूरी घाटी
इस बेपरवाह हुरियारी मस्ती ने
सूर्यास्त को किसी उत्सव-सा रंग दे दिया है

लड़कियाँ चहक रही हैं इस क़दर कि
आकाश में उड़ते पंछी भी देख रहे हैं उन्हें पलट-पलटकर
लड़के-लड़कियों का समूह
हँसे जा रहा है न हँसने की बात पर भी
कितनी सुन्दर कितनी लुभावनी होती है अकारण हँसी

अकारण जो कुछ भी होता है
उतरता है दिल के भीतर तक
अकारण किसी ने कहा—"चलो।"
समूह से एक बेफिकरा बोला—"चलें?"
हमको तो लगा मग़रिब की पढ़कर चलेंगे।

मग़रिब में सूर्य डूब रहा है
मग़रिब में युवाओं का झुंड चहकते हुए
घाटी से नीचे उतर रहा है
सूर्य के संग समूची घाटी डूब रही है मग़रिब में
क्या,
सूर्य भी मग़रिब में मग़रिब की पढ़ता होगा?

[19 अक्टूबर, मंगलवार 2021, भोपाल]

भोले क्या बोले

यूँ तो सारे पहाड़ पहाड़ होते हैं
वे हमें सिखाते हैं धरती पर रहकर ऊँचा उठना
हज़ारों हज़ार पर्वतों में सबसे अच्छे वे लगते हैं
जिनके कन्धों पर सवार हो
हमने अन्तरिक्ष में गई पतंग को लूटा
जिनके ऊपर गिल्ली डंडा खेलते भूले
हम उन्हें उलाँघ रहे हैं बार-बार
हमें जगह देने के लिए वे थोड़ा-थोड़ा खिसके
पर्वत श्रृंखलाओं की अग्रिम पंक्ति में बैठे प्राचीनतम हैं वे
इससे बेख़बर हम उनके साथ कंचे खेलते रहे
उनके कन्धों पर बैठ हमने जगत के मेले देखे
पचमढ़ी है सतपुड़ा की रानी
जो हमें आज भी नानी बन क़िस्से सुनाती है।

क़िस्सा यूँ है कि भस्मासुर से बचने के लिए
भोले शंकर ने चौरागढ़ की पहाड़ियों में शरण ली
चौरा बाबा ने बरसों बरस पहाड़ी पर तपस्या की
तपस्या से प्रसन्न हो भोले ने उन्हें दर्शन दिए
दिया वरदान
चौरा के नाम से यहाँ भोले जाने जाएँगे
भोलेनाथ अपना त्रिशूल चौरागढ़ में छोड़ गए

सो, उसी समय से
समुद्री तलहटी से क़रीब बयालीस सौ फीट की ऊँचाई
दुर्गम मार्ग और तीन सौ पच्चीस खड़ी सीढ़ियाँ चढ़कर
कन्धों पर वज़नी त्रिशूल लिये पहुँचते हैं भक्त
शिव के धाम चौरागढ़ में अपने भोले के पास
हज़ारों-हज़ार त्रिशूल पहाड़ी में हैं पेड़ों की तरह।

चौरागढ़ यानी वानस्पतिक स्वर्ग
धनवन्तरि की औषधि सिद्ध वनस्पतियाँ
वृक्ष, लताएँ, फूल-पत्ते, तितलियाँ, कोयल, वनपंछी
मेघ, इन्द्रधनुष, पवन, आवारा बादल, नदी का आँगन और बीहड़पन
इतना गहन कि खाइयों के तल स्पर्श करने को
तरसती हैं आज भी सूर्य की किरणें
गहरी हरीतिमा और अलौकिक दृश्यावलियों के बीच
शिव भक्त भजन गाते, शिव को टेरते हुए
देते हैं जीवन को देखने की चकित बहुकोणी दृष्टि
निराकार को साकार, साकार को निराकार करती उनकी टेर
भर रही है जीवन में कई आयाम
गूँज रहा है कण-कण।

महाशिवरात्रि पर जत्थे के जत्थे
'हर-हर महादेव, बम-बम भोले, जय भोलेनाथ की'
त्रिशूल और प्रसाद की थैलियाँ लिये चढ़ रहे हैं खड़ी चढ़ाई
अनगिनत बन्दर पेड़ों की डगाल पर झूमते
सीढ़ियों को फलाँगते, पलक झपकते में
प्रसाद की थैली को लूमते लपकते
दुर्गम रास्ते को और दुर्गम बनाते
भक्तों को मुँह चिढ़ाते
कूदते-फाँदते पेड़ों पर चढ़ गए

सारा हुजूम मुँह बाए देख रहा है बन्दरों को
दूसरी ओर सर्र से निकलते नाग देवता
अपना फन उठाए
मिची आँखों से देख रहे हैं भक्तों के सैलाब को

ये लो बूढ़ी अधेड़ औरतों ने शुरू कर दी पूजा
वे दूध नहीं पिला रही हैं, वे तो हाथ जोड़कर प्रार्थना कर रही हैं
आदमी जला रहे हैं अगरबत्ती और कपूर
सर्प महाराज धीरे-धीरे कर रहे हैं प्रस्थान।

पहाड़ चढ़ते लोग भरते हैं हुंकारा 'बम-बम भोले'
उतरते हुए लोग थोड़ा कम करते हैं 'बम-बम भोले'
प्रसन्न हैं वे
पचमढ़ी के सबसे ऊँचे पहाड़ से उतरते हुए।

पूछते हैं सीढ़ी चढ़ते हुए लोग
और कितना?
'चढ़ो, चढ़ो। अभी से क्या पूछते हो?'
ऊँचाई को मत देखो, सीढ़ियों को मत गिनो
पहाड़ को मत देखो
'बम-बम भोले' करो और चढ़ते, चढ़ते चले जाओ।
पहाड़-सी उम्मीद लिये देखते हैं वे पहाड़ की ओर
ओ भोले, इतने ऊपर क्यों बसते हो?
ये पुकार करती है कितना द्रवित!

कमसिन और जवानों से ज़्यादा अधेढ़ और बूढ़े
गीत गाते, जयकारे लगाते, लाठी टेकते बन्दरों को भगाते हुए
दुर्गम पहाड़ी को कितनी सुगमता से चढ़-उतर रहे हैं
धनाढ्य और सुखी-सम्पन्न लोगों से कितनी अलग
कितनी कठिन होती हैं इनकी यात्राएँ।

शिव भक्त ज़ोर से घंटा बजाते हुए
कर रहे हैं जयघोष हर-हर महादेव।
भोले के दर्शन कर भक्तों को लग गए हैं जैसे पर
वे ढलान से ऐसे उतर रहे हैं
जैसे धरती पर उड़ते हुए छू रहे हैं आकाश।

दर्शन को जाते भक्तों के जत्थे में से
एक जवान होते लड़के ने पूछा बहुत हुलसकर—
"भोले क्या बोले?" "क्या बोले भोले?"

कुछ नहीं बोले

अपने भक्तों के भोलेपन पर
भोले कुछ नहीं बोले।

[18 अक्टूबर, सोमवार 2021, भोपाल]

घर के भीतर घर : नौ कविताएँ

1

वे आए

आते ही उन्होंने दीवारों पर हथौड़ा चला दिया
एक कोना भरभराकर गिर पड़ा।

वे मज़दूर, कारीगर, मिस्त्री
प्लम्बर, बिजली और बेल्डिंग वाले
जो घर को तोड़-फोड़ रहे हैं
कहीं बाहर से नहीं आए थे
बिन बुलाए भी नहीं
घर के भीतर घर को जगह देने
हमने उन्हें बुलाया था।

घर में
घर को बनते-बढ़ते देख रही हूँ
देखती हूँ
कौन-सा कोना मन के क़रीब होगा
कौन-सा पेड़, आकाश का कौन-सा हिस्सा
कितने तारे और कितने चाँद आएँगे मेरे हिस्से।

घर के भीतर
घर बनना कितना मुश्किल होता है
वैसे ही जैसे
बन जाते हैं जब एक घर में कई घर।

[16 अक्टूबर, शुक्रवार 2020, भोपाल]

2

वे चार

वे आईं और आते ही काम में लग गईं
घंटे दो घंटे बाद मैंने उन्हें चाय दी
उनने हुलकते हुए थर्मस थाम लिया
पेड़ के नीचे बैठकर चाय पीते हुए
ढेर सारी बातों के संग
ख़ुद को हाड़तोड़ मेहनत के लिए तैयार किया
मैंने जान लिया उन्हें चाय पीते हुए
ख़ुद को कसना पसन्द है।

ईंट-गारा ढोते हुए
चाय का स्वाद उनके चेहरे पर तिर रहा था।

वे चार जब भी मुझे याद आती हैं
मैं उन्हीं की तरह
मन लगाकर काम करने लगती हूँ।

[27 अक्टूबर, मंगलवार 2020, भोपाल]

3

किचन में खिड़की

और कुछ नहीं
किचन में खिड़की लगते देख रही हूँ
मिस्त्री बहुत बारीकी से ले रहा है माप
वो 'साहुल' को 'गोला' कहता है।

पुरानी है खिड़की
जिसमें ईंट, गारा और सीमेंट चिपकी हुई है
वज़नी खिड़की उठाए नहीं उठ रही है मजूर से
मिस्त्री 'हो' कहकर उसे और ऊँचा उठाने को कहता है।

मजूर मिस्त्री को 'गोला' पकड़ाता है
नाइलोन की रस्सी में बँधा
लोहे का छोटा-सा त्रिकोणनुमा गोला
जिसमें 'कैंडा' लटक रहा है
मिस्त्री की तिर्यक मुद्रा और आँख की पुतली
बता रही है
आटे में नमक की तरह
माप एकदम सही बैठ गया है।
यह माप ही तो है
जो लगने नहीं देता किचन में खिड़की
बचे हुए खाने में तड़के की तरह
लग रही है किचिन में पुरानी खिड़की।

धूप तेज़, बहुत तेज़ है
लोहे की तरह तप रही है कनपटी
छत पर बन रहे कमरे पर खड़ी हो

किचन में खिड़की को लगते देख
ख़ुश, बहुत ख़ुश हूँ मैं।

कहीं और हो न हो
किचन में ज़रूर होनी चाहिए खिड़की
क्योंकि जो चौके में है
उसी को सबसे ज़्यादा दरकार है खिड़की की।

[30 अक्टूबर, शुक्रवार 2020, भोपाल]

4

तराई

घर के भीतर बनते घर की तराई करते
खीज पड़ती हूँ
मन भर के तराई नहीं कर पाती
गीले में चलने से पूरे घर में
धूल, मिट्टी, पानी के निशान बन जाते हैं
एक नहीं, कई बार लगाना पड़ता है पोंछा।

घर के भीतर बनते हुए घर के साथ रहना
कितना मुश्किल और जीवट से भरा काम है
जिसे बरसों सहेजा, उसी को गलते, ढहते देख
तराई करते भीतर से सूख रही होती हूँ मैं।

घर में जब तक बाहर न हो
तब तक चाहे जितनी तराई कर लो
एक न एक दिन सूख ही जाता है घर।

[06 नवम्बर, शुक्रवार 2020, भोपाल]

5

चिल्लर

बचपन में अक्सर चिल्लर के सपने देखती थी।
एक खुले मैदान में घूम रही हूँ नंगे पाँव
क़दम-क़दम पर चिल्लर
घुप्प अँधेरे में चमकती पंजी, चवन्नी, अठन्नी
बटोरते-बटोरते फूल जाती साँस
मिट्टी के ढूहों पर अक्सर दो रुपये का नोट मिलता
चल चुके होते जिस पर कई पाँव
धूल से लिथड़े नोट को लपककर उठाती
मुट्ठी में भींचते पसीने-पसीने हो जाती
बँधी मुट्ठी सुबह नींद के साथ खुलती।

घर के भीतर बनते घर में
झिर्री से सब कुछ धूल में सन गया है
एक बल्ब के हल्के पीले उजाले में
लिथड़ रही है झाड़ू भी मेरे संग
धूल और मिट्टी के ढेर में स्विच बोर्ड की
एक नहीं, कई टिकली
सिक्कों की तरह चमक रही हैं
एक-एक कर बीन रही हूँ टिकली
बचपन में देखे सपने अब जाकर हो रहे हैं पूरे।

वाह,
सुबह चैंबर की खुदाई में निकलीं कई चम्मचें
चोक नाली को खोलकर
मलबे से लिथड़ा जमादार श्याम
जब जाने को हुआ तो मेहनताने के अतिरिक्त
मैंने उससे कहा—ये चिल्लर भी ले लो,

अच्छे से चाय-नाश्ता कर लेना।
देखते ही उसने आँखें फाड़ते कहा—
मैडम जी, जाने कब से सोई नहीं हो
ये चिल्लर थोड़ी ना है, ये तो टिकली है
चिल्लर होती तो वो बिजली वाला सयाना सीताराम
छोड़कर जाता क्या, बताओ?

सीताराम, श्याम और बाक़ी सब कामगार
हँस रहे हैं ख़ूब
चिल्लर और नोट बीनने के क़िस्से सुना रहे हैं सब
कैसे कब किसने किसकी मैयत से सिक्के बीने
कब-कब धागे में बँधे नोट को उठाना चाहा
पकड़ाई में आ जाने पर
शरारती बच्चों ने कितना छकाया उसे
कई दिनों तक गली पार करते उसे लगता
जैसे उसकी पूँछ में बँधा है दो रुपये का नोट।

मैं भी हँस रही हूँ
मैंने कभी ऐसा सपना नहीं देखा था कि
चिल्लर को बीनते पकड़ ली गई हूँ
लेकिन घर के भीतर बन रहे घर में
टिकली बीनते पकड़ ली गई हूँ।

झेंप को शेखी में बघारते हुए
सबके लिए चाय-नाश्ता बना रही हूँ
कुछ सज़ाएँ कितनी मीठी होती हैं।

[07 नवम्बर, शनिवार 2020, भोपाल]

6

मेरा घर मेरा दम

जितना जी रही हूँ
उतना ही मर रही हूँ।

जितना भीतर से भर रही हूँ
उतना ही बाहर से ख़ाली हो रही हूँ।

इतना ज़्यादा मैं हो रही हूँ
ख़ुद को ही ख़ुद की बलि चढ़ा रही हूँ।

कितना अच्छा हो
बनते हुए घर की दीवारों में चुन जाए मेरा मैं।

घर मेरे भीतर इतना घुस रहा है
कि मेरा दम घुट रहा है।

[13 नवम्बर, शुक्रवार 2020, भोपाल]

7

रीतना

बन रही इस दुनिया में
घर के भीतर बन रहे घर के भीतर
रीत रही हूँ।

इतना क्यों रीत रही हूँ

जितना ज़्यादा बन रहा है घर
उतना ही ज़्यादा रीत रही हूँ मैं।

[20 नवम्बर, शुक्रवार 2020, भोपाल]

8

घर के भीतर

डलती हुई छत को
दूर, बहुत दूर से देख रही हूँ
घर के भीतर छत डलेगी
ऐसा कभी सोचा नहीं था।

दस दिन बाद खुलेगी छत
उसके खुलते ही बन्द हो जाएगा
आसमान का दिखना
छत के नीचे हो जाएँगे हम।

एक छोटी-सी छत
जिस पर जाने के लिए सीढ़ियाँ नहीं
जिस पर जा न सके कोई
वो छत कैसे हुई
वो तो दीवार हो गई
जिसके पार नहीं कोई आकाश।

[01 दिसम्बर, मंगलवार 2020, भोपाल]

9

घर का स्वप्न

जब तक घर बनकर
घर हुआ
मैं दूर, बहुत दूर जा चुकी थी, उससे
इतना दूर कि पहला घर
मेरे भीतर ही झर-मिट चुका था।

मैं घर नहीं जाना चाहती
घर मेरे पास आना नहीं चाहता।

मैं ऐसे रास्ते पर जाना चाहती हूँ
जिसमें घर न हो
लेकिन घर का स्वप्न हो।

[09 मार्च, मंगलवार 2021, भोपाल]